# Tabgha
## – wo die Brotvermehrung stattfand

Erich Läufer

# TABGHA

## – WO DIE BROTVERMEHRUNG STATTFAND

Biblisches Heiligtum
am See Gennesaret

J.P. BACHEM VERLAG

Die Deutsche Bibliothek – CIP-Einheitsaufnahme

Läufer, Erich
Tabgha – wo die Brotvermehrung stattfand:
biblisches Heiligtum am See Gennesaret / Erich Läufer,
1. Aufl. - Köln: Bachem, 2000
ISBN 3-7616-1452-7

1. Auflage 2000

Einbandgestaltung und Layout: Barbara Meisner, Düsseldorf
Fotos: Erich Läufer
Grafik Logos: Josef Schaller
Lithos: Reprowerkstatt Wargalla, Köln
Druck: Druckerei J.P. Bachem GmbH & Co. KG Köln

Printed in Germany

## *INHALT*

## *VORWORT*

Das Heilige Land mit seinen Orten biblischer Ereignisse beeinflusst das Denken von Christen. Die Wege und Plätze, die Brunnen, die Dörfer und Felder waren die Umwelt Jesu. Besonders der Landstrich um den See Gennesaret. Hier hat er sich besonders gerne aufgehalten. Das Wasser, die Ufer, die fruchtbaren Felder, der Fischreichtum – all das hat den Herrn beeinflusst und ihn als Mensch geprägt. Ein altes Wort meint: „Wer den Profeten verstehen will, muss des Profeten Straße zieh'n". Es bleibt eine unvergleichliche menschliche Erfahrung, einmal Wege zu gehen, die der Herr gegangen sein konnte, auf Berge, Seen und Landschaften zu blicken, die er geschaut hat.

In der Landschaft am galiläischen Meer liegt Tabgha. Die Brotvermehrungskirche mit ihren unbekümmert erzählenden Mosaiken und der stille Platz zum Beten und Besinnen unmittelbar am Wasser. Das alles hinterlässt Eindrücke beim Pilger und Besucher von heute. Tabgha ist ein Ort mit erstaunlichen Fragen und nachhaltigen Denkanstößen.

## *DAS AUGE GOTTES*

Das „Auge Gottes" nennen die Araber den See von Tiberias. Tiefblau liegt seine Oberfläche fast 200 Meter unter dem Meeresspiegel. Hier verläuft ein tiefer Grabenbruch in der Erdkruste. Am Fuß des Hermonberges beginnt er und endet in den Seen Ostafrikas. In vorchristlicher Zeit wurde der See nach der bedeutenden an ihm gelegenen Stadt Kinneret (Num 34,11/ Jos 13,27) benannt. Manche Sprachforscher meinen, dass im hebräischen Wort „Kinneret" das Urwort „Kinnor" steckt, das mit Harfe verbunden ist. So wollen einige in der Form des Sees eine Harfe erkennen. Für andere klingt das leise Schlagen der Wellen am Abend wie die Musik der Harfe.

In den neutestamentlichen Berichten werden unterschiedliche Namen gebraucht. Lukas nennt in der Erzählung vom reichen Fischfang das Gewässer den „See Gennesaret" (Lk 5,4). Johannes verlegt die Speisung der Fünftausend ebenso ans Ufer des „Sees von Tiberias" (Joh. 21,1) wie den österlichen Fischfang des Petrus, während Markus und Lukas voller Respekt vom „Galiläischen Meer" sprechen. (Mk1,16; Mt 4,18)

Der See hat eine Länge von 21 Kilometern und ist etwa 50 Meter tief. An seiner breitesten Stelle gleiten die

Boote zwölf Kilometer durch glasklares Wasser. Der Jordan fließt durch ihn hindurch. In biblischer Zeit glichen Regenfälle die Höhe des Wasserspiegels aus. Heute wird aus dem See das notwenige Wasser gepumpt, um Menschen und Felder zu versorgen. In der Nähe von Tabgha befindet sich eine Pumpstation. In regenarmen Jahren muss sie ihren Betrieb einstellen, sobald die bedrohliche „Rote Linie" erreicht wird.

Im Gegensatz zum weiter südlich gelegenen Toten Meer gibt es im Gennesaret nur bestes Süßwasser. Ein Himmelsgeschenk für die Menschen des Orients. Im Süßwasser kann man auf Fischfang gehen. Mehr als 20 Fischarten konnten zur Beute der Fischer in der Zeit Jesu werden. Fischerei war ein einträgliches Gewerbe. Fischer waren auch die ersten Jünger Jesu. Die Namen der kleinen Häfen am West- und Ostufer des Sees bezogen sich auf das Fischereigewerbe. So hieß Betsaida „Haus des Fischfangs" und das zwischen Tabgha und Tiberias gelegene Magdala bedeutet „Fischturm".

## *TABGHA-HEPTAPEGON-SIEBENQUELL*

Tabgha – wie der Platz am See heute heißt – ist die arabische Verstümmelung des griechischen Wortes Heptapegon. Übersetzt soviel wie Siebenquell. Im Vorhof der heutigen Basilika plätschert ein Brunnen, der sieben Öffnungen und Ausflüsse zeigt. Den Wasserreichtum der sieben Süßwasserquellen nutzten bereits die Römer in den Jahrzehnten um Christi Geburt. Sie bauten Zisternen unterhalb der Quellen und sammelten das Wasser in Brunnentürmen. Reste davon sind noch erhalten. Flavius Josephus (geb. 37 n. Chr.) erwähnt eine „Quelle bei Kafarnaum". Der jüdische Historiker hatte mehrere Jahre lang eine leitende Stellung in Galiläa inne und notiert weiter:

„Den Genezar entlang erstreckt sich eine gleichnamige Landschaft von wunderbarer natürlicher Schönheit. Der Boden ist so fett, dass jede Pflanze gedeihen kann. Nussbäume, die am meisten der Kühle bedürfen, wachsen dort in großer Menge ebenso wie Palmen, die nur in der Hitze gedeihen. Nahe bei ihnen stehen Feigen- und Ölbäume, denen eine gemäßigte Temperatur mehr zusagt. Was sich hier vollzieht, könnte man ebenso einen Wettstreit der Natur nennen, die das einander Widerstrebende in einem Punkt zu vereinen trachtet, wie einen edlen Kampf der Jahreszeiten, von denen jede dieses Land in Besitz zu nehmen sucht. Der Boden bringt die verschiedenen Früchte nicht nur einmal im Jahr, sondern fortwährend hervor. So liefert er die königlichen Früchte, Weintrauben und Feigen ohne Unterbrechung zehn Monate lang."

In römischer Zeit verlief hier die „Via Maris", eine bekannte Handelsstraße, die von Ägypten her ins Quellgebiet des Jordan und bis nach Damaskus führte. Ein kleines römisches Straßenkastell (Chirbet el-Chan) ist in der Nähe der heutigen Pumpstation gefunden worden. Tabgha liegt in der Reichweite von Kafarnaum mit seinen Mühlen, Töpfereien, Gerbereien und der Zollstation. Zur Zeit Jesu war das Gebiet am Westufer des Sees dicht besiedelt. Der Fischreichtum im See und der fruchtbare Boden boten der Bevölkerung Nahrung und Einkommen. Es war ein gesegneter Landstrich, von dem es heißt, dass Jesus sich hier besonders gerne aufhielt.

# *TABGHA – EIN GALILÄISCHER FRÜHLING*

Die Sonne wirft ihr Licht auf die gelb-grauen Höhen des Ostufers. Auf den Golan. Mit schmaler, ferner Linie aus Eukalyphtusbäumen und dem spärlichen Grün von Feldern scheint das Ufer eingefasst.

Im Markusevangelium, dem ersten der vier Evangelien, schreibt der Verfasser: „Die Apostel versammelten sich wieder bei Jesus und berichteten ihm alles, was sie getan und gelehrt hatten. Da sagte er zu ihnen: Kommt mit an einen einsamen Ort, wo wir allein sind, und ruht ein wenig aus. Denn sie fanden nicht einmal Zeit zum Essen, so zahlreich waren die Leute, die kamen und gingen. Sie fuhren also mit dem Boot in eine einsame Gegend, um allein zu sein. Aber man sah sie abfahren, und viele erfuhren davon; sie liefen zu Fuß aus allen Städten dorthin und kamen noch vor ihnen an. Als er ausstieg und die vielen Menschen sah, hatte er Mitleid mit ihnen; denn sie waren wie Schafe, die keinen Hirten haben. Und er lehrte sie lange.

Gegen Abend kamen seine Jünger zu ihm und sagten: Der Ort ist abgelegen, und es ist schon spät. Schick sie weg, damit sie in die umliegenden Gehöfte und Dörfer gehen und sich etwas zu essen kaufen können. Er erwiderte: Gebt ihr ihnen zu essen. Sie sagten zu ihm: Sol-

len wir weggehen, für zweihundert Denare Brot kaufen und es ihnen geben, damit sie zu essen haben? Er sagte zu ihnen: Wie viele Brote habt ihr? Geht und seht nach. Sie sahen nach und berichteten: Fünf Brote, und außerdem zwei Fische. Dann befahl er ihnen, den Leuten zu sagen, sie sollten sich in Gruppen ins grüne Gras setzen. Und sie setzten sich in Gruppen zu hundert und zu fünfzig. Darauf nahm er die fünf Brote und die zwei Fische, blickte zum Himmel auf, sprach den Lobpreis, brach die Brote und gab sie den Jüngern, damit sie sie an die Leute austeilten. Auch die zwei Fische ließ er unter allen verteilen. Und alle aßen und wurden satt. Als

die Jünger die Reste der Brote und auch der Fische einsammelten, wurden zwölf Körbe voll. Es waren fünftausend Männer, die von den Broten gegessen hatten."
(Markus 6,3o-44)

## *WUNDER-ZEICHEN-GLAUBEN*

Das Ereignis von Tabgha, das Wunder einer Brotvermehrung ist für Menschen, die sich im biblischen Denken auskennen, nicht etwas Einmaliges. Schon im Alten Testament werden ähnliche Begebenheiten erwähnt. Zum Beispiel die Vermehrung des Mehls und des Öls für die Witwe von Sarepta durch die Gebete des Propheten Elia ( 2 Könige 4,1-7) oder die Ölvermehrung durch den Propheten Elischa (2 Könige 4,1-17). Und da ist noch die Erzählung, wie der Mann von Baal-Schalischa mit 20 Gerstenbroten 100 Mann speist und trotzdem noch Brote übrig bleiben. ( 2 Könige 4,42-44)

Wer sich zudem in der Geschichte der Heiligen der katholischen Kirche ein wenig auskennt, erinnert sich an Brotvermehrungen, die sie im Namen Jesu bewirkt haben. 1933 wurde Andre Fournet, der Begründer der „Filles de la Croix" heilig gesprochen. 1824, als eine Oberin sich weigerte, alle Ordensschwestern nach Le Puy einzuladen, weil sie zu wenig Korn im Haus und kein Geld hatte, befahl Pater Andre dennoch, sie alle kommen zu lassen. Über drei Monate lang wurden alle Schwestern und viele Waisenkinder gespeist, obwohl der Kornvorrat nie weniger wurde. Auch vom heiligen Don Bosco (1815-1888) wird berichtet, dass er einmal, als kein Geld mehr da war, 20 Brote sammelte und sie an 300 junge Burschen verteilte, ohne dass die Brote weniger wurden.

Und was ist mit dem Wunder von Tabgha? Die frühen Christen und die Zeitgenossen Jesu waren fest überzeugt, dass die Wunder der Profeten Elija und Elischa in viel machtvollerer Weise vom Herrn selbst vollbracht wurden. Er war mehr als Elija, mehr als Elischa, mehr als David, mehr als Salomo oder sonst einer der Großen des Alten Testamentes. Für den Evangelisten Johannes war die Brotvermehrung überdies ein wichtiges Zeichen, das auf den Herrn hinweist und das der eucharistischen Rede vorangestellt wird. Mit der Person Jesu bleibt das Wunder der Speisung der 5000 untrennbar verbunden.

## *AUF DER SUCHE NACH DEM ORT DES WUNDERS*

Für die christlichen Pilger des früheren und späten Mittelalters auf der Suche nach den Schauplätzen der Bibel war die Reise zu den Ufern des Sees Gennesaret meist ein beschwerliches Unterfangen. Aus ihren Berichten besitzen wir nur sehr spärliche Mitteilungen über jene Stätten, die für Jesus Mittelpunkt des frühen öffentlichen Lebens waren. Das Ostufer, auf das der Blick vom heutigen Tabgha aus geht, gehörte zur Dekapolis. Die Dekapolis war ein Zusammenschluss von zehn Städten zu einer Art Handelsgemeinschaft. Weil die Wege in dieser Region nicht sicher waren und die Pilgerführer sich oft als halsstarrig erwiesen, dorthin zu gehen, wurde das Ostufer von den Wallfahrern gemieden. Selbst für die Kreuzfahrer, die sich an vielen anderen Stellen im Heiligen Land durch eindrucksvolle Bauten für spätere Zeiten ein Denkmal setzten, scheinen die biblischen Ortschaften am Ufer des Sees unbedeutend gewesen zu sein.

Die Angaben der Evangelien über den Ort der Speisung der Fünftausend sind so dürftig, dass es schwerfällt, Genaues sagen zu können. Manches spricht dafür, dass sich für die Evangelisten die zwei Speisungen der Fünf- und der Viertausend am Ostufer des Sees ereignet haben. Der Bericht von zwei Brotvermehrungen, die Matthäus und

Markus anführen, wird von einigen Exegeten als Dublette ein- und derselben Sache angesehen, während inzwischen auch von seriösen Exegeten davon ausgegangen wird, dass es nicht nur zwei Versionen eines Ereignisses sind, sondern als Tatsache zu werten ist, dass die Evangelisten von zwei verschiedenen Ereignissen berichten.

Wenn die ursprüngliche Tradition der Wunderberichte von Plätzen am Ostufer des Sees zu sprechen scheint, verlegt die spätere Pilgertradition jedenfalls das Ereignis, wie Markus es berichtet, in die Gegend der sieben Quellen, in die Nähe anderer biblischer Geschehnisse. Vornehmlich in die Nähe Kafarnaums. Weil die biblischen Texte für die Bergpredigt einen Abhang voraussetzen und für das Wunder der Brotvermehrung eine Gegend mit „viel Gras", wählte man einen Abhang gegenüber dem Siebenquell und den Quellplatz selbst. Ein alter Weg am Ufer erleichterte den Pilgern den Weg dorthin.

Wissenschaftliche Untersuchungen bestätigen, dass die Anwesenheit von Christen jüdischer Herkunft in der Gegend von Kafarnaum als sicher anzunehmen ist. Als die spanische Pilgerin Egeria um 400 nach Christus als erste von Tabgha berichtet, war die Suche nach dem Ort des Geschehens bereits abgeschlossen. Sie schreibt im Reiseberícht für ihre Nonnen daheim: „Über dem See gibt es eine Wiese; sie hat viel Gras und viele Palmbäume. Bei diesen liefern sieben Quellen reichlich Wasser. Auf diesem Feld hat der Herr mit fünf Broten und zwei Fischen das Volk gesättigt. Fürwahr der Stein, auf den der Herr das Brot legte, ist zum Altar geworden. Von diesem Stein nehmen jetzt die Besucher Stückchen weg für ihre Gesundheit, und es nützt allen."

Dieses Gebiet unmittelbar am See wird von manchen auch für das eigenartige, rätselhafte biblische „Dalmanuta" (Markus 8,10) gehalten. Ganz in der Nähe von Tabgha gibt es zudem die Eremoshöhle. Der Archäologe unter den Benediktinermönchen, Pater Bargil Pixner, hat auf diese neutestamentliche „Einöde" aufmerksam gemacht. Es handelt sich um eine bescheidene Grotte oberhalb der Strasse nach Kafarnaum gegenüber dem Eingang zur Primatskapelle. Vielleicht ist dies jener „einsame Ort" und die „menschenleere Gegend", die Jesus meint. Im 6. Jahrhundert meldet sich jedenfalls der Erzdiakon Theodosius zum Ort der Brotvermehrung mit einer präziseren Angabe der Lage: zwei Meilen von Magdala und zwei Meilen von Kafarnaum entfernt.

## *DIE KIRCHEN VON TABGHA*

Zur Zeit der Pilgerin Egeria scheint bereits um diesen Steinaltar eine erste kleine Kirche errichtet gewesen zu sein. Irgendwo im näheren Umkreis der einschiffigen Kirche dürfte die jüdische Festung Bersabe gestanden haben, was ebenso Siebenquell heißt wie Beer-Sheva. Von Mosaiken in der Kirche ist bei Egeria keine Rede, denn die byzantinische Kirche, zu der sie gehören, wird erst Mitte des 5. Jahrhunderts erbaut. Als das erste Kirchlein zu klein wurde, manche meinen, es sei einem Erdbeben zum Opfer gefallen, errichteten frühe Christen hier eine neue und größere dreischiffige Basilika. Bei Ausgrabungen im Jahr 1970 fand man in den Fugen eines Gemäuers eine Münze des Kaisers Honorius, die man in die Jahre 395 bis 408 datiert. Ungeklärt ist, wie sie eingeordnet werden soll. Bereits um 614 wird die byzantinische Kirche von den Persern zerstört. Der Ort verwahrlost. Trümmer und Sand decken, wie oftmals im Heiligen Land, den herrlichen Mosaikboden zu und bewahren ihn so vor grober Zerstörung und Andenkenjägern. Der Pilger Arnulf (um 670) spricht nur mehr von Ruinen.

Heute liegt am Rand ausgedehnter Obstplantagen und unmittelbar an der Straße nach Kafarnaum die neue Brotvermehrungskirche. Richtpunkt des Gotteshauses,

das 1982 wiederum als byzantinische Basilika erbaut wurde, ist ein alter Stein, der schon in byzantinischer Zeit als Altar gedient haben soll. Über ihm wurde der Zelebrationsaltar errichtet. Mit den antiken Mosaiken, die nun wieder ihren entsprechenden Platz haben, gehört sie zu den schönsten Kirchen im Land.

## *DIE WIEDERENTDECKUNG*

1887 erwarb der Deutsche Verein vom Heiligen Lande das Gelände. Was sich im Lauf der folgenden hundert Jahre abspielte, war manchmal abenteuerlich. Ende des 19. Jahrhunderts kam der schwäbische Maurermeister Franz Keller 1879 mit dem Schiff nach Palästina. Er war ein großer Verehrer der Katharina von Emmerich und ihrer Visionen über das Heilige Land. Das hatte ihn zur Wallfahrt angetrieben. Er war ein zäher Mann. In den Klöstern fand er genügend Arbeit. Schließlich kam er 1885 an den See Gennesaret und war von diesem Stück Erde, das ihn an das Paradies erinnerte, so begeistert, dass er keine Mühen scheute, andere von der Notwendigkeit des Ankaufs dieses Landstrichs zu überzeugen. Bei Landrat Leopold Janssen aus Burtscheid bei Aachen, dem damaligen Präsidenten des Palästina-Vereins in Aachen, dem späteren Deutschen Verein vom Heiligen Lande zu Köln, fand er tatsächlich offene Ohren und offene Hände für sein Anliegen. Lange Auseinandersetzungen mit den Beduinenstämmen und den damaligen Herrschern, den Türken, folgten. Prüfungen der landwirtschaftlichen Eignung des Landes mussten durchgeführt werden.

Am Ende waren 9000 Franken gesammelt und standen für den Landkauf zur Verfügung. Nach energischen

Schritten des deutschen Botschafters in Konstantinopel wurde von der türkischen Regierung die Erlaubnis zur Eintragung gegeben. Der Deutsche Verein vom Heiligen Lande wird offizieller Eigentümer einer weitgedehnten Landschaft von Tabgha bis zur Ebene von Ginnosar. In einem alten Bericht heißt es: „Am 6. Februar 1888 errichtete Franz Keller auf dem angekauften Gelände ein in Safed gefertigtes Häuschen, dessen einzelne Teile während der Nacht von Kamelen heruntergebracht worden waren und erklärte damit das Land als Besitz des Palästina-Vereins. Der 6. Februar 1889 ist die Geburtsstunde des deutschen Tabgha."

1891 übernahm der Luxemburger Pfarrer Dom Zephirin Biever als geistlicher Leiter das junge Unternehmen Tabgha. Biever war im Ostjordanland Beduinenpfarrer. Die folgenden Jahre waren ausgefüllt mit harter Arbeit. Der Boden musste gerodet und gepflügt werden. Es wurde gesät und gebaut. Zum Teil war die Gegend versumpft. Abuna Daut, das war Pater Bievers arabischer Name, hatte es beim Aufbau von Tabgha nicht leicht. Malaria und Hitzschlag holten seine besten Mitstreiter. 16 Jahre lang wirkte Pater Biever in Tabgha. Er starb 1915 als Generalvikar von Zypern. Um die Jahrhundertwende besuchten viele Heiligland-Pilger mit Karawanen Tabgha. Der Deutsche Verein vom Heiligen Lande hatte inzwischen dort ein viel besuchtes Hospiz und Gästehaus erbaut. 1900 verweilte der bekannte Schriftsteller Karl May einige Tage in Tabgha. Wegen der gastlichen Aufnahme im Hospiz schenkte er dem Verein damals seine Bücher mit handgeschriebener Widmung. Leider sind diese auf mysteriöse Weise später aus der Bibliothek des Paulus-Hauses in Jerusalem verschwunden.

Im März 1889 hatte der deutsche Vermessungsingenieur G. Schumacher, der beim Bau der berühmten Bagdadbahn beschäftigt war und zeitweilig für den Deut-

schen Verein arbeitete, auf seiner Tabgha-Karte kurz und bündig zum Areal der heutigen Kirche vermerkt: „Gebiet, auf welchem Ausgrabungen vorgenommen werden sollen.“ Erst im März 1911 begann Professor Paul Karge, im Auftrag der Görres-Gesellschaft, mit den ersten Ausgrabungen und der Freilegung der Kirchenfundamente. Fast 1300 Jahre waren vergangen ehe das Mosaik und die besondere Darstellung des Korbes mit den Broten und zwei Fischen wiederentdeckt wurde. Im Lauf der Jahrhunderte hatte sich meterhohes Geröll über die Kostbarkeiten aufgetürmt und im Gebüsch darüber schlugen Beduinen ihre Zelte auf.

Noch einmal gingen fast 20 Jahre ins Land, denn der Erste Weltkrieg mit seinen Folgen war auch in dieser Region zu spüren. Die Türkenherrschaft wurde durch die englische Mandatszeit abgelöst. Erst am 19. April 1932 begannen wieder unter der Schirmherrschaft der Görres-Gesellschaft entscheidende wissenschaftliche Grabungen mit dem Direktor des orientalischen Institutes, Dr. A.E. Mader, S.d.S. und seinem Assistenten, Dr. Alfons Schneider.

Sie fanden im Mittelpunkt des Chorbereiches Reste eines Altares in Form eines Tisches, darunter als Fundament jenen Stein, „auf dem der Herr saß“, nach einer anderen Überlieferung „den Stein, auf den der Herr das Brot legte“ und hinter dem Altar das Mosaik mit dem Korb mit vier Broten und zwei Fischen.

Bernhard Gauer aus Düsseldorf entdeckte 1936 bei der Restaurierung der Mosaiken unter dem Boden des Mittelschiffs Reste einer ältere Kapelle in syrischer Bauweise. Als wahrscheinliche Reste einer ersten Kirche dienen sie als Beleg dafür, wie wichtig für Christen in den ersten Jahrhunderten diese Stätte war. Die darüber gebaute zweite Kirche war größer und hatte in fast unveränderter Lage den Altar mit dem Stein übernommen.

Zum Schutz der Mosaiken wurde eher notgedrungen eine Kirche aus Holz errichtet. Papst Paul VI. verweilte bei seinem aufsehnerregenden Heilig-Land-Besuch 1964 lange vor den Mosaiken. Im Lauf der Jahre verfiel die Notkirche aber in einen derart maroden Zustand, dass sich der Vorstand des Deutschen Vereins vom Heiligen Lande zum Wiederaufbau entschloss. Es sollte eine Kirche im Grundriss der zweiten Kirche werden, der dreischiffigen Basilika mit durchlaufendem Mittelschiff. Auf der Generalversammlung des Vereins im Jahr 1976 beauftragte der Erzbischof von Köln, Joseph Kardinal Höffner, das Architektenteam Anton Goergen und Fritz Baumann aus Köln mit der Planung und Durchführung der gesamten Baumaßnahme. Anton Goergen nennt in seiner Kleinschrift über Tabgha Lothar Fink als weiteren Mitarbeiter. Alfons Auer übernahm in Tabgha die örtliche Bauleitung.

Im Mai 1979 standen zuerst die Sicherungsarbeiten der Mosaiken an. Am 23. Mai 1980 wurde im Beisein des lateinischen Patriarchen von Jerusalem dann der Grundstein für den Kirchbau gelegt. Genau zwei Jahre später, am 23.Mai 1982, erfolgte die kirchliche Weihe der Basilika durch Kardinal Höffner in Konzelebration mit vielen Priestern aus Europa, Afrika und Asien. Dieser Neubau der Kirche auf den Fundamenten des 5. Jahrhunderts vermittelt einen hervorragenden Eindruck vom Aufbau der zahlreichen byzantinischen Kirchen, mit denen das Heilige Land einst überzogen war. Atrium, Basilika und Chorraum sind fast originalgetreu wiederhergestellt, wie der Architekt Anton Goergen immer wieder betont.

## *DAS NILPANORAMA DER MOSAIKEN*

Die weltberühmten Bodenmosaiken aus dem 5. Jahrhundert in der neuen Kirche belegen, dass in byzantinischer Zeit – möglicherweise erstmals in Palästina – man in christlichen Kirchen von geometrischen Ornamenten zu figürlichen Darstellungen übergeht. Dabei wird ein beliebtes Motiv der heidnischen Kunst übernommen: die Nillandschaft. Ein anderes prächtiges Beispiel dafür ist im nahen römischen Sepphoris gefunden worden. Für Georg Röwekamp dokumentiert dies zum einen, dass die byzantinische Kunst sich nun endgültig das Erbe der hellenistisch-römischen Kunst angeeignet hat. Zum anderem übertrage es die bekannte Fruchtbarkeit des Nils auf die Fruchtbarkeit der Gegend um Tabgha, um damit vielleicht auch die Fülle der Brotvermehrung zu illustrieren.

Das bekannte Mosaik mit dem Brotkorb und den Fischen wurde mit größeren Steinen erst im 6. Jahrhundert gelegt. Byzantinische Künstler schufen auf rund 500 Quadratmetern Bodenfläche im Mittelschiff und in den Seitenschiffen eine Vielzahl von Pflanzen,Tieren und Ornamenten. Ein Kranich ist zu sehen, der eine kleine Wasserschlange angreift, welche aus einer Lotosblume kriecht. Der Blick verweilt bei einer anderen Lotosblüte, auf der eine Wildente kauert. Nur einen Schritt weiter ruhen sich zwei Enten auf einer Blüte aus. Dann ist dargestellt, wie ein Stelzvogel einen kleinen Dachs angeht, während zwei Haselhühner im Schnabel eine Girlande tragen. Die Mosaiken zeigen eindeutig die Nilfauna und Nilflora: Enten, Gänse, Reiher, Kormorane, Schwäne, Tauben, Flamingos, Kraniche, Ibisse und einen besonders stolzen Pfau. Dazwischen immer Lotospflanzen und Papyrusschilf im Reichtum überquellender Natur. In Ägypten diente der Lotos als Verkörperung der Gottheit und war Symbol für Isis und Osiris. Solide Schätzungen meinen, dass dieser interessante Kirchenboden wohl aus sieben Millionen kleinen Steinen zusammengesetzt ist.

## *BROTE UND FISCHE*

Das bekannteste Mosaik von Tabgha, der Korb mit Broten und zwei Fischen, ist zum Symbol des Ortes der Brotvermehrung geworden und neuestens zum Wahrzeichen vom Tabgha-Pilgerhaus des Deutschen Vereins vom Heiligen Lande. Was Jahrhunderte verdeckt, vergessen, verschüttet war, befindet sich wieder vor dem Altar. Es ist einer der größten je gedachten Gedanken: Brot des Lebens. Brot für die Hungernden aller Zeiten. Brot – Jesus sagt: Ich bin das Brot des Lebens. Fisch – Die Christen erkennen sich in dem Fisch im Wasser. Brot und Fisch sind die antiken Symbole für den Herrn und seine Anhänger. In den Katakomben Roms entdeckte man das Zeichen des Fisches, als Wegweiser zum geheimen Versammlungsort der Gemeinde. An Hauswände in der Stadt gemalt, galt es unter Eingeweihten als vereinbartes Zugehörigkeitsmerkmal.

Fisch heißt auf griechisch ICHTHYS. Schon früh buchstabierten Christen dieses Wort in einzelne Zeichen und sahen darin mehr als nur Buchstaben.

I = Jesus
CH = Christus
TH = TOU THEOU (Gottes)
Y = YIOS (Sohn)
S = SOTER (Retter)

„Jesus, Christus, Sohn Gottes und Retter“: Das Wort Fisch wird also zum geheimen und doch öffentlichen Glaubensbekenntnis. Die Art, in der Jesus Brote und Fische im Markusevangelium nimmt und weitergibt, ist bis heute von Bedeutung. Immer wenn Christen irgendwo auf der Welt , ob in einem machtvollen Dom oder in einer armseligen Kapelle, Eucharistie feiern, ist Tabgha gegenwärtig. „Jesus nahm die fünf Brote“, heißt es beim Evangelisten Markus „und die zwei Fische, blickte zum Himmel auf, sprach den Lobpreis, brach die Brote und gab sie den Jüngern, damit sie sie an die Leute austeilten“. Wem fallen da nicht die Einsetzungsworte der Eucharistie beim Abendmahl in Jerusalem ein? Wer erinnert sich nicht daran, wie hier am See Gennesaret der Herr nach der Auferstehung den Jüngern Brot und Fisch bereitlegt und sie ihn an diesem Zeichen erkennen.

Es ist eigenartig, dass vom Bild mit den Broten im Korb und darüber den zwei Fischen eine geheimnisvolle Faszination ausgeht, obwohl der sogenannte aufgeklärte Mensch von heute mit Wundern und Wunderberichten oft nur wenig anzufangen weiß.

Man muss genauer hinschauen zum Mosaik. Die Brote im Korb sind mit Kreuzen gezeichnet wie es von der Hostie bekannt ist. Der Hostie – dem Brot der Eucharistie. Eine Frage drängt sich auf. Warum sind nur vier Brote zu sehen, obwohl der Evangelist von fünf Broten spricht? Der Künstler denkt sich wohl das fünfte Brot immer auf dem Altar und stellt damit den Bezug von der Speisung der Fünftausend zur Eucharistie her. Denn – so würde Hieronymus als Erklärung sagen – wir alle essen heute noch davon.

## *TABGHA – AN WELCHEN TISCHEN WERDEN WIR SATT?*

In der Wüste erinnerte sich das Volk Israel an die Fleischtöpfe Ägyptens und murrte, als es zu hungern begann. Gott sorgte auf wunderbare Weise und gab ihm Manna, das Brot vom Himmel. Jesus sättigt die Menschen, die bei ihm ausharren. Er sagt: „Ich bin das Brot des Lebens; wer zu mir kommt, wird nie mehr hungern, und wer an mich glaubt, wird nie mehr Durst haben." (Joh 6,13)

Es gibt weltweit kaum einen anderen Ort als Tabgha, wo die Frage dringender zu beantworten ist: An welchen Tischen wir satt werden. Wir, die Menschen von heute, die scheinbar alles haben und doch nicht satt sind. Die Frage lautet zugespitzter: Sind es die falschen Tische, an denen wir unseren Hunger und unseren Durst nach Leben stillen wollen?

Der jüdische Dichter Schalom Asch versuchte in seinem Jesusroman „Der Nazarener", dieses Wunder menschlich zu erklären. „Durch die Predigt Jesu wird die Nächstenliebe erweckt, sodass alle alles miteinander teilen und jeder satt wird". Mit dem Psalm 145 haben wir gelernt zu beten:

„Aller Augen warten auf dich, und du gibt ihnen ihre Speise zur rechten Zeit. Du tust deine milde Hand auf und sättigst alles, was lebt, nach deinem Wohlgefallen."

## *TABGHA –*
## *„GEBT IHR IHNEN ZU ESSEN"*

Menschen haben Hunger. Wer will das bestreiten. Wer Hunger hat, kauft sich Brot oder er baut Getreide an, damit er später Brot hat und damit zu essen. Ist das alles? Da sind noch die Menschen, die weder Brot haben noch die Chance besitzen, Korn zu säen. Sie erbitten Brot von denen, die Brot haben.

Im Evangelium gibt Jesus den Jüngern den Auftrag „Gebt doch ihr ihnen zu essen." Dieser Auftrag bleibt. Bis heute. „Wer hungert, soll Brot bekommen. Von Jesu Jüngern. Im Auftrag Jesu. Erstaunliches geschieht. Wer im Namen Jesu wenig Brot verteilt, verteilt trotzdem genug." (Kurt Rommel) So war es in der Urkirche. Jeder brachte von dem mit, was er hatte. Es wurde unter allen geteilt. Was im Namen Jesu in Tabgha begann, wurde in der Urkirche gelebt und wird uns heute zur Mahnung. Gleichsam unter der Hand werden Brot und Fische mehr. Doch nicht als Zauberei oder Mirakel. Unter gefalteten, unter betenden Händen werden alle satt. Volle Körbe bleiben übrig. Das Teilen kann weitergehen. Tabgha kann überall sein und das Wunder wird durchsichtig für andere Wirklichkeiten.

„Gebt ihr ihnen zu essen" – im Kloster Tabgha wird dies besonders einfühlsam wahrgemacht. Das „ora et labora" aus der Regel des Heiligen Benedikt ist dafür eine gute Richtschnur. Nicht nur deswegen, weil der Benediktinerpater Hieronymus mit seinen Helfern ausgedehnte Obstplantagen pflanzte und betreut. Von fast tausend Grapefruitbäumen und fast ebenso vielen Zitronenbäumen fährt er jährlich die Ernte ein. Hunderte Olivenbäume gehören zum Tabgha-Kloster.

Die Benediktinermönche haben vor allem den Tisch 1939 für den geistigen Hunger gedeckt. Seit sie aus der Jerusalemer Abtei Maria Heimgang (Heute heißt sie „Hagia Maria Sion") die Sorge für das Heiligtum übernommen haben, machten sie aus Tabgha ein geistliches Zentrum. Ein kleines Gästehaus bietet die Möglichkeit zu Exercitien und geistlicher Einkehr. Seit Dezember 1964 stehen zur Betreuung des Heiligtums philippinische Benediktinerinnen dem Prior zur Seite. Wenige Meter vom Kloster entfernt auf dem Weg zum See liegt ein langgestrecktes Wirtschaftsgebäude. Es ist der ehemalige Viehstall. Inzwischen wurde er zu einer sehr praktischen Jugendbegegnungsstätte um- und ausgebaut. 'Bet Noa' heißt das Haus in Erinnerung an die Arche. Kinder und Jugendliche, oft genug sind es Behinderte, finden hier eine Möglichkeit, unter fachlicher Betreuung Freizeiten zu verbringen.

In der Osterwoche des Jahres 2000 legte der Kölner Kardinal Joachim Meisner im Beisein von zehn deutschen

Bischöfen den Grundstein für das neue, große Pilgerhaus an vertrauter historischer Stätte am See. Den Grundstein segnete Papst Johannes Paul II. am 24. März 2000, als er auf seiner Pilgerfahrt ins Heilige Land in der Brotvermehrungskirche lange betete. Das historische Pilgerhaus am See wird restauriert, erweitert, modernisiert. Was damals im Jahr 1889 als Hospiz in zeitgemäßer Form für die Pilger errichtet wurde, verfügt jetzt über ein modernes Angebot mit Foyer, Zimmern, Kapelle, Speise- und Gemeinschaftsräumen. Das Schönste aber ist die Ruhe der Parklandschaft am See mit dem Blick über das Wasser zu den Golanhöhen.

Der Deutsche Verein vom Heiligen Lande hofft mit dem neuen Pilgerhaus, dass nicht nur viele Pilger, Einzelreisende oder Gruppen hier eine Antwort auf die Fragen ihres Glaubens finden, sondern auch eine Erinnerung mitnehmen, die für das ganze Leben den Menschen bewegen und bestimmen wird. Der Pilger braucht keinen Abschied zu nehmen, er trägt die Heiligtümer im Herzen nach Hause.

## *AUSKLANG*

Wenige Meter von der Basilika entfernt, unmittelbar am See, liegt ein gewaltiger, von zwei Felsen gestützter Megalith. Er ist zum Altar geworden. Rohe Baumstämme dienen als Sitzreihen. Zum Schutz vor der Sonne und ihrem gleißenden und heißen Licht ist ein Dach aus Palmwedeln und Schilf über ein kleines Gerüst gelegt. Unzählige größere und kleinere Gemeinschaften feierten hier die heilige Eucharistie oder hörten mit weitem Herzen die Worte der Heiligen Schrift wie zum ersten Mal.

Am Abend, wenn die vielen Pilger oder Touristen heimgefahren sind, umfängt in Tabgha Stille den Menschen. Im vergehenden Tageslicht breitet sich noch einmal die ganze Schönheit der Landschaft aus. Die Luft ist erfüllt vom Wohlgeruch der Goldranken, Zyklamen und Kardon. Rot wie Rubine leuchten die Granatäpfel. Gleich schweren gelben Gewichten hängen die Bananenbündel an niedrigen Stauden. Über kleine helle und dunkle Muscheln gleiten einige Wasserschildkröten in ihre Verstecke. Aus dem Hinterhalt eines Eukalyptusbaumes schießen Mungos hervor, um Mäuse zu fangen. Draußen auf der spiegelglatten Fläche des Sees tummeln sich in sicherer Entfernung zum Ufer mehrere Königsfischer und gurrend melden sich aus dem Mauerwerk der alten Wassermühle die Tauben. Süß weht betörender Duft aus den Blüten der Orangenhaine. Zur Seite wächst über den silbrigen Kugeln der Olivenbäume jener Hügel empor, der seit alter Zeit den Namen „Berg der Seligkeiten" trägt.

Es wird Zeit, dass Christen aufhören, sich zu scheuen, daran zu erinnern, dass die Welt Gottes Eigentum ist, indem der Mensch sie entdeckt, entwickelt, verwaltet und umsorgt, nimmt er Teil an Gottes Herrschaft. Wer denkt, vermag zu erkennen, wem er die Welt verdankt. Der Dichter des Psalmes 104 hat schon vor urdenklich langer Zeit formuliert: „Du lässt das Gras wachsen für das Vieh, auch Pflanzen für den Menschen, die er anbaut, damit er Brot gewinnt von der Erde und Wein, der das Herz des Menschen erfreut."

Der Mensch lebt nicht vom Brot allein. Aber er braucht Brot, um zu leben. Umgekehrt heißt es: Obwohl der Mensch Brot braucht, lebt er nicht allein davon. Es kann sein, dass der Hunger nach Brot den Hunger nach Gottes Wort verdrängt. Es kann sein, dass angesichts eines reich gedeckten Tisches mit viel Brot im Überfluss verdrängt wird, dass es auch das Brot des ewigen Lebens gibt: das Wort Gottes. In der Kirche darf nicht vergessen werden, warum die Menschen damals Jesus nachliefen:

Sie wollten ihn hören. Ihn – das ewige Wort des Lebens.
Worte, die sonst keiner zu sprechen vermochte.

Herr,
die Kirche ist
ein Haus des Wortes
und Geschenk im Brot
als Zeugnis für das Leben.
Mach uns hungrig
nach deinem Wort.
Lass uns begreifen,
dass ohne dieses Wort
das Leben nicht gelingt.
Still du den Hunger
nach ewigem Leben,
dann werden wir
im Wunder von Tabgha
für uns erfahren,
dass wir bis heute
von diesem Brot essen.

# *LITERATURVERZEICHNIS UND ANMERKUNGEN*

Hinweise, vertiefende Gedanken und Quellenmaterial fand ich beim Erstellen des Manuskriptes in folgenden Büchern und Schriften:


**Georg Roewekamp**
*Israel*
Ein Reisebegleiter zu den Heiligen Stätten vom Judentum, Christentum und Islam
Herder Verlag 1994

**Kurt Rommel**
*Auf dem Weg nach Jerusalem*
Besinnung zu Texten aus dem Lukas-Evangelium
Quell-Verlag, Stuttgart 1977

**Erich Läufer**
*Spurensuche im Lande Jesu*
Biblische Betrachtungen
3. Auflage Brendow-Verlag, Moers 1983

**Adolf Karlinger**
*Den Quellen auf der Spur*
Ein spiritueller Wegweiser durch das Heilige Land
Tyrolia-Verlag, Innsbruck 1997

**Anneliese und Anton Goergen**
*Tabgha am See Genezareth*
Schnell, Kunstführer Nr. 1747
Verlag Schnell & Steiner, München 1989

**Otto Meinardus**
*Auf Jesu Wegen im Heiligen Land*
Galiläisches Tagebuch
Verlag 'Der christliche Osten' 1990

**Hans Kühner/ David Harris**
*Israel*
Ein Reiseführer durch 3000 Jahre
Walter Verlag, Olten 1975

**Heinrich Fürst**
*Im Land des Herrn*
Ein Pilgerführer für das Heilige Land
Dietrich-Coelde-Verlag 1999

**Bargil Pixner**
*Wege des Messias und Stätten der Urkirche*
Herausgegeben von Rainer Riesner
Brunnen Verlag, Gießen 1991

**Stanislaus Loffreda**
*Die Heiligtümer von Tabgha*
Franciscan Printing Press, Jerusalem

- Die Übersetzung der Bibeltexte sind der Einheitsübersetzung entnommen.
- Die Schreibweise der Eigennamen entspricht den Loccumer Richtlinien.
- Die Schwarzweißfotos stammen aus dem Archiv des Deutschen Vereins vom Heiligen Lande.

# *ADRESSEN*

**Deutscher Verein vom Heiligen Lande**
– gegründet 1855 –

Generalsekretariat
Steinfelder Gasse 17
D - 50670 Köln

Telefon: 0221 / 13 53 78
Telefax: 0221 / 13 78 02
e-mail: DVHL@AOL.COM

**Präsident:**
Joachim Kardinal Meisner, Erzbischof von Köln

**Vizepräsident:**
Dr. Bernd Potthast

**Geistlicher Leiter:**
Prälat Herbert Michel

**Generalsekretär:**
Heinz Thiel

**Mitgliedsbeitrag:**
24,00 DM jährlich
Für die Mitgliedschaft auf Lebenszeit beträgt der einmalige Mindestbetrag 400,00 DM.
Die Zeitschrift des Vereins DAS HEILIGE LAND erscheint dreimal jährlich und ist im Mitgliedsbeitrag enthalten.

**Redaktion der Zeitschrift:**
Prälat Erich Läufer

**Paulus-Haus Jerusalem**

P.O.B. 19070
Nablus Road 2

Telefon: (00972) 02 / 628 32 80
Telefax: (00972) 02 / 627 23 97

Historisches Gästehaus des Deutschen Vereins vom Heiligen Lande gegenüber dem Damaskustor, direkt am Rande der Altstadt von Jerusalem.
Das Haus mit seinen 26 Gästezimmern, Aufenthalts- und Gruppenräumen ist idealer Ausgangspunkt für Pilgergruppen bei der Erkundung der faszinierenden Stadt Jerusalem.

**Pilgerhaus Tabgha am See Gennesaret**

Das im Jahre 1889 errichtete Pilgerhospiz wird restauriert, erweitert, modernisiert und im Jahre 2001 neu eröffnet.
Inmitten einer Parklandschaft, unmittelbar am Ufer des Sees gelegen und durch einen Fußweg mit der Brotvermehrungskirche verbunden, lädt das Pilgerhaus Gruppen und Einzelreisende zur Besinnung, Erholung und Begegnung ein. 70 modern eingerichtete, klimatisierte Gästezimmer stehen als Ausgangsort für die Entdeckung Galiläas zur Verfügung.

Weitere Informationen zu beiden Häusern sowie Buchung und Reservierung über den DVHL
Steinfelder Gasse 17
D - 50670 Köln
Telefon: 0221 / 13 53 78

## *ÜBER DEN AUTOR*

**Erich Läufer**

geboren 1927 in Aachen, studierte Theologie und Philosophie in Bonn, München und Köln. Nach der Priesterweihe zuerst in der Seelsorge und im Schuldienst tätig; Dozent für Neues Testament; Verwaltungsrat im Deutschen Verein vom Heiligen Lande; zahlreiche Aufenthalte im Nahen und Mittleren Osten; besonders im Heiligen Land; Veröffentlichungen zu biblischen und archäologischen Themen; Chefredakteur der Kirchenzeitung für das Erzbistum Köln.